BEI GRIN MACHT SICH
WISSEN BEZAHLT

- Wir veröffentlichen Ihre Hausarbeit,
  Bachelor- und Masterarbeit

- Ihr eigenes eBook und Buch -
  weltweit in allen wichtigen Shops

- Verdienen Sie an jedem Verkauf

Jetzt bei www.GRIN.com hochladen
und kostenlos publizieren

Hannah Grün

Über die Figuren der Luise von Briest und Roswitha in den Literaturverfilmungen Rainer- Werner Fassbinders und Hermine Huntgeburths von Theodor Fontanes "Effi Briest"

GRIN Verlag

Bibliografische Information der Deutschen Nationalbibliothek:

Die Deutsche Bibliothek verzeichnet diese Publikation in der Deutschen National-bibliografie; detaillierte bibliografische Daten sind im Internet über http://dnb.d-nb.de/ abrufbar.

Impressum:

Copyright © 2012 GRIN Verlag GmbH
Druck und Bindung: Books on Demand GmbH, Norderstedt Germany
ISBN: 978-3-656-53071-8

Dieses Buch bei GRIN:

http://www.grin.com/de/e-book/263857/ueber-die-figuren-der-luise-von-briest-und-roswitha-in-den-literaturverfilmungen

Eine Studie vom äußeren Erscheinungsbild

Über die Figuren der Luise von Briest und Roswitha in den Literaturverfilmungen Rainer- Werner Fassbinders und Hermine Huntgeburths von Theodor Fontanes "Effi Briest"

1

Inhaltsverzeichnis

1. Einleitung

Stets stehen Literaturverfilmungen vor der schwierigen Aufgabe ihrem literarischen Vorbild auf der einen Seite nicht vollständig abtrünnig zu werden, auf der anderen Seite jenem aber auch Raum zur Entfaltung zu gewährleisten. Das Medium des Films mit all seinen Eigenheiten und Potenzialen kann die Originalfassung des Stoffes in mannigfaltiger Weise interpretieren, durch Auswahl der Schauspieler/Innen, Musik, Kostüme etc. Hierdurch wird der künstlerischen Freiheit des Regisseurs und des Drehbuchautors Raum gegeben. Grundlage der in dieser Arbeit untersuchten Filme ist der wohl bekannteste Gesellschaftsroman Theodor Fontanes: „Effi Briest". In besonderer Weise sollen die Frauenfiguren, aber nicht die Hauptperson, sondern zwei stark auf sie einwirkende Nebenfiguren, hervorgehoben werden. Zum einen betrifft dies Luise von Briest, Effis Mutter, deren Erziehung maßgeblich Effis Entscheidungen und Weltbild beeinflusst. Zum anderen Roswitha, Annis Kindermädchen, das eine enge Bindung zu Effi hat und ihrer Herrin auch in die ärmliche Berliner Wohnung nach der Scheidung von Innstetten folgt. Jene beiden Frauen könnten unterschiedlicher kaum sein; sie verkörpern gesellschaftlich, religiös und sozial direkte Gegensätze. Adel und Armut stehen sich gegenüber, doch beiden weiblichen Charakteren ist eine Lebensklugheit und Prinzipientreue eigen, die sie auf ganz unterschiedlichen Ebenen parallel erscheinen lässt. „Der europäische Gesellschaftsroman des 19. Jahrhunderts als Roman der sogenannten ‚guten Gesellschaft' hat als eines seiner wichtigsten Themen die Frauenfrage behandelt. So ist er zum Eheroman oder gar zum ‚Frauenroman' geworden"[1] Äußere Erscheinung, Wohngegend/Wohnsituation, persönliches Ethos: Lebensstil, Liebe und Sittlichkeit – sie sind untrennbar miteinander verwoben, wie die mediale Überlieferung dieser Stoffe:

> Traditionelles Wissenschaftsverständnis beruht auf der Überzeugung, daß [sic!] das >alte< Medium Literatur dem >neuen< Medium Film als etwas qualitativ anderes, Besseres gegenüberstehe, daß [sic!] folglich die Verfilmung von Literatur eine Degradierung des literarischen Originals nach sich ziehen könne. Daß [sic!] Literaturverfilmungen (qua Film) eine eigenständige medienspezifische Ausformung der literarischen Fiktion sein könnte, daß [sic!] Literaturverfilmungen immer nur als Interpretation von Literatur (in Buchform) sinnvoll gedacht werden können, war in der Adaptionsliteratur lange Zeit nicht selbstverständlich. Wer sich mit Literaturverfilmungen beschäftigt, muß [sic!] sich den Vorwurf der >Grenzüberschreitung< gefallen lassen: der Filmwissenschaftler, weil er es auch mit Buchliteratur zu tun hat; der Literaturwissenschaftler, weil er weiß, daß [sic!] >verfilmte Literatur< in erster Linie Film ist.[2]

---

[1] Agni Daffa: Frauenbilder in den Romanen „Stine" und „Mathilde Möhring". Untersuchungen zu Fontane. Frankfurt am Main: Oeter Lang GmbH Europäischer Verlag der Wissenschaften, 1998. S.51.
[2] Franz- Josef Albersmeier: Einleitung: Von der Literatur zum Film. Zur Geschichte der Adaptionsproblematik. In: Literaturverfilmungen. (Hrsg.:) Franz- Josef Albersmeier/ Volker Roloff. Frankfurt am Main: Suhrkamp Verlag, 1989. S.15.

Zwar sind die beiden exemplarisch herausgestellten weiblichen Figuren beliebig ausgewählte Vertreterinnen ihrer jeweiligen Schicht, sie verdanken Fontane aber auch Wesensmerkmale, die sie zu wahren Persönlichkeiten machen. Üblicherweise werden zwei Ebenen deutlich:

> Alle Frauenrollen sind bei ihm ‚sozial- und ideenkritisch' angelegt. Die Problematik betrifft stets einerseits den Konflikt des Individuums zwischen ‚Gefühl und Vernunft', andererseits den Menschen als soziales, vergesellschaftetes Wesen. Fontane hat auch Frauengestalten geschaffen, die trotz ihres Scheiterns nicht resignieren, sondern Hoffnungen auf die Zukunft bewahren.[3]

Ziel dieser Arbeit ist es, zwei Darstellerinnen in den beiden zuletzt erschienenen Verfilmungen des Gesellschaftsromans Fontanes „Effi Briest" zu beleuchten und sie anhand ihres äußerlichen Erscheinungsbildes zu vergleichen. Nachdem zuerst diskutiert wird, ob Literaturverfilmungen überhaupt ihrem Anspruch gerecht werden können, sollen zuerst Diskussionen über Luise und Roswitha im Roman vorgestellt werden, bevor dann die Interpretationen in den filmischen Darstellungen dem gegenübergestellt werden. Abschließend fasst ein Fazit die Ergebnisse der Arbeit zusammen und formuliert Ansprüche an Filme möglicherweise neu.

2. Über Literaturverfilmungen

„Ob Literatur überhaupt >ver-filmbar< ist, darüber ließe sich streiten."[4] Dieses Zitat verdeutlicht sehr anschaulich, worum sich der Kerngedanke der Arbeit dreht. Es war bereits mehrfach von einem ‚Vorbild' des Textes die Rede – aber welcher Art der Vorbildcharakter ist, darüber ließe sich streiten:

> Literatur-Verfilmungen werden stets am Vorbild bemessen. Aber sie kommen ja gar nicht mit dem Anspruch auf Werktreue daher, nur die Kritiker postulieren ihn. Wer aus einem Medium in ein anderes übersetzt<, schaltet die eigene Rezeption des Vorbildes dazwischen und gibt eine >Lesart<. Das ist genau der Vorgang, den Fassbinder mit seinem Effi- Briest- Film demonstriert, und deshalb ist der Film so wichtig.[5]

Dennoch gilt die Aussage selbstredend nicht nur für die Fassbinderverfilmung von „Effi Briest". Vielmehr handelt es sich um eine allgemeine Aussage über die Gefahren, aber auch die Chancen, die sich aus einer Transkription eines Mediums in ein anderes ergeben:

> Selbstverständlich ist der Filmregisseur (und sein Team) in der filmischen Version einer literarischen Vorlage frei. Theoretisch liefert das literarische Werk nur den Stoff. Er sollte auf neuartige Weise in bewegten Bildern mitgeteilt werden. Jedoch scheint […] in

---

[3] Agni Daffa: Frauenbilder in den Romanen „Stine" und „Mathilde Möhring". Untersuchungen zu Fontane. S.52.
[4] Franz- Josef Albersmeier: Einleitung: Von der Literatur zum Film. Zur Geschichte der Adaptionsproblematik. S.15.
[5] Eva M. J. Schmid: War Effi Briest blond? Bildbeschreibungen und kritische Gedanken zu vier >>Effi Briest<<- Verfilmungen. In: Literaturverfilmungen. (Hrsg.:) Franz- Josef Albersmeier/ Volker Roloff. Frankfurt am Main: Suhrkamp Verlag, 1989. S.150.

den meisten Fällen auch die filmische Version mit literarischen Strukturen zu arbeiten, die nur mehr oder weniger beliebig mit bewegten Bildern illustriert werden.[6]

Nicht umsonst wird in der Forschung der Film als Text verstanden, seine Analysen berufen sich gerade in den Anfängen der Film- und Medienwissenschaften auf die Werkzeuge der Literaturwissenschaft und damit auch der Textanalyse. Praktische Überlegungen bezüglich der filmischen Umsetzung eines literarischen Werkes sind dabei ebenso wichtig, wie interpretatorische Leistungen des Regisseurs. Denn jener ist, bevor er selbst zum Schaffenden wird, zuvor Rezipient des Produkts eines anderen Autors. Ob für den Regisseur selbst Autorschaft noch die passende Bezeichnung ist, bleibt fraglich: Hat er/sie doch auf der einen Seite Dinge, die im Text fehlen, hinzuzuerfinden, Dinge, die unklar bleiben, zu interpretieren und auf der anderen Seite das Original auch kürzer und damit unter Umständen ärmer an Andeutungen und Fülle zu machen. Sprache wirkt nicht nur im schriftlichen und mündlichen Medium anders, sie hat auch andere Ausdrucksmöglichkeiten und es liegt am Drehbuchautor und Regisseur diese gekonnt einzusetzen und den Stoff damit gebührend umzusetzen, mit unter ganz im Sinne des Textverfassers:

> Der Unterschied der Länden zwischen literarischem Vorbild und Film bringt eine große Anzahl praktischer Auswirkungen für die an der Übertragung Beteiligten mit sich, vor allem für den Drehbuchautor, den Regisseur und den Architekten. Die Probleme sind mehr dramaturgisch- technischer Art. Aber sie beeinflussen entscheidend das Gelingen der filmischen Übertragung. Es handelt sich um das weite Gebiet der Streichungen, Kürzungen, Straffungen der literarischen Vorlage, genauso aber auch um die Fülle dessen was sichtbar gemacht und hinzuerfunden werden muß [sic!].[7]

Generell ergeben sich aus der Verwendung audio- visueller Medien auf psychologischer Ebene andere, mitunter größere Wirkungsmechanismen in der Präsentation eines Themas: „Einer Vielzahl von Bildern wird eine **größere Direktheit und Unmittelbarkeit** als der Sprache und der Schrift zugesprochen."[8] Bei ursprünglich aus der Theaterwissenschaft kommendem Vokabular spricht man von der ‚Inszenierung', also vom In- Szene- setzen, vom Umsetzen des Stoffes. Damit meint man wörtlich in erster Linie also keine Interpretation, sondern bloße Übertragung der Idee des Autors, eine Transferierung, bei der alle Mittel des Films eingesetzt werden dürfen, um dem Text möglichst nahe zu sein:

> Die Inszenierung soll das im Text Enthaltene zur Anschauung bringen, soll die Wirkung des Geschriebenen verstärken, letztlich auch etwas darin nicht Ausgesprochenes sichtbar und erlebbar machen. Dazu müssen alle Elemente der Inszenierung, Bühnenbild, Licht, Kostüme, Maske, Besetzung der Rollen mit Darstellern, deren Spiel und Aktion, das

---

[6] Eva M. J. Schmid: War Effi Briest blond? Bildbeschreibungen und kritische Gedanken zu vier >>Effi Briest<<- Verfilmungen. S.124.
[7] Ernst Heinkel: Epische Literatur im Film. Eine Untersuchung im besonderen Hinblick auf die doppelte Filmfassung von Theodor Fontanes >>Effi Briest<<. München: J.G. Weiß'sche Buchdruckerei, 1958. S.18.
[8] Knut Hickethier: Einführung in die Medienwissenschaften. 2. Aufl. Stuttgart: J.B. Metzler'sche Verlagsbuchhandlung und Carl Ernst Poeschel Verlag GmbH, 2010. S.85.

Sprechen, die Musik, in eine stimmige Form gebracht werden, sie müssen sich ergänzen und gegenseitig steigern.[9]

Als wohl schwierigste Tätigkeit war früher daher das Koordinieren der einzelnen, genannten Faktoren anzusehen. In einer jahrzehntelangen Entwicklung hat sich die Filmwissenschaft davon jedoch entfernt und ‚Filmemachen' auf literarischer Basis heißt heute längst nicht mehr nur der Vermittlung eines Autors gerecht zu werden. Erwartungen gehen auch vom Publikum aus, Sehgewohnheiten wollen bedient werden, soll der Film auch ansprechend sein für ein breites Publikum, kommt er völlig ohne Klischees nicht mehr aus. Außerdem sind grundsätzlich die Bereiche Literaturverfilmung, Film zum Buch, Buch zum Film und Film ohne Literaturbasis (allein auf das Drehbuch sich stützend) genauestens zu differenzieren. Möglicherweise ist die Erkenntnis, dass die Leinwand nunmehr gleichberechtigtes, viel rezipiertes, eigenständiges Medium geworden ist, noch einer kleinen Elite von Medienwissenschaftlern vorbehalten:

> Häufig werden Filme als schlichte Unterhaltung angesehen, als Zeitvertreib, vielleicht auch als künstlerisches Ausdrucksmedium, das in einer Sphäre des interesselosen Wohlgefallens jenseits der Alltagswirklichkeit angesiedelt ist; Ausdruck findet diese Haltung im Ausruf: >Es ist doch nur ein Film!<, mit dem allzu leichtgläubige Zeitgenossen zur Raison gebracht werden sollen. In einer anderen Perspektive wirkt das Kino allerdings direkt ins Bewusstsein, verändert den Menschen und die Welt, führt ein Eigenleben, heftet sich an Diskurse, Individuen oder Ideen und dominiert, transformiert und entstellt diese.[10]

3. Fontanes Roman(vorlage)

Theodor Fontanes „Effi Briest" widmet sich weit mehr Problemen, als nur der so genannten ‚Frauenfrage'. Seine erzähltechnischen Raffinessen, die bewusste Leserlenkung, die gekonnten Auslassungen, Raffungen und rhetorischen Stilmittel erzeugen beim Leser ein ganz besonderes Gefühl der Schreibkunst, der Fähigkeit auf der Grundalge eines wahren Falls einen komplexen Gesellschaftsroman zu kreieren. Der Ardenne-Fall bildet zwar das Fundament der Erzählung, allerdings werden die Namensgebung der Figuren, Schauplätze des Geschehens, Ortsnamen, in die Zeit passende Umgangsformen, Kleidung und Einrichtung, Sprachstil und gesellschaftliche Verhältnisse genauestens recherchiert, sorgfältig ausgewählt und zielgerecht zurechtgelegt,. Aus all jenen Elementen erwächst dann die vom typisch Fontaneschen Erzählstil zu einem Ganzen verwobene Geschichte:

> Die in das zeitliche Nacheinander übertragene, wiederholte Anwendung der bisher behandelten Stilmittel der Andeutung erzeugt in ihrer Gesamtheit Fontanes eigentümliche Technik der Zurückhaltung, die immer wieder die letzte Schlussfolgerung vermeidet und

---

[9] Knut Hickethier: Einführung in die Medienwissenschaften. 2. Aufl. Stuttgart: J.B. Metzler'sche Verlagsbuchhandlung und Carl Ernst Poeschel Verlag GmbH, 2010. S.85.
[10] Thomas Elsaesser/ Malte Hagener: Wissenschaftlicher Beirat/ Michael Hagner, Zürich/ Dieter Thomä, St. Gallen/ Cornelia Vismann, Frankfurt am Main: Filmtheorie zur Einführung. 2. Auflg. Hamburg: Junius Verlag GmbH, 2008. S.190.

die endgültige Lösung hinausschiebt, obwohl alles danach drängt und verlangt. In ihr liegt auch der besondere Mangel dramaturgischer Gestaltungsmöglichkeit begründet, der bei Fontane überall deutlich wird. Denn das Dramatische verlangt gerade die hier fehlende Federkraft des Geschehens, die die Handlung ununterbrochen konsequent und lückenlos zu einem bestimmten Ziel und, ohne anzuhalten und nachzulassen, auf dem vorgezeichneten Wege weiterschnellt.[11]

Ebendort wird deutlich, dass dieser Erzählstil nicht zwangsläufig dieselbe Wirkung auf das Publikum, wie auf die Leserschaft hat, wenn er bis ins kleinste Detail vom Film übernommen wird, so weit eben dies überhaupt möglich ist. Teilweise müssen Passagen gekürzt, anderen neu ‚geschrieben' werden, um der Atmosphäre des Romanstoffs ähnlich zu sein. Fraglich ist, ob die unterschiedliche Rezeptionsästhetik der beiden so unterschiedlichen Medien wie Buch und Film, mediale Schriftlichkeit und mediale Mündlichkeit plus bewegte Bilder, nicht schon in der Theorie zu verschieden ist, um ehrliche Äquivalente wahrnehmen zu können:

> Die Architektur des Films ist bis ins letzte Detail ausgeführt und beendet. Die Architektur des Romans besteht aus Hinweisen. Meist aus knappen, aber sehr prägnanten Hinweisen. So bleibt sie in sich stets skizzenhaft. Zur Architektur des Films läßt [sic!] sich nichts mehr hinzudenken. Eben im Skizzenhaften aber der Beschreibungen des Architektonischen im Roman bliebt das Mitschöpferrecht der Phantasie des Rezeptiven gewahrt. Die Architektur des Films vollendet der Filmbildner und an seiner Seite das technische Team. Die Architektur im Roman vollendet sich in der Phantasie des Lesenden.[12]

Speziell die Darstellung des weiblichen Geschlechts entwirft in des Autors Romanen eine Haltung, die Aufmerksamkeit erregt, Forderungen stellt, offen kritisiert, auf gesellschaftliche Missstände hinweist und revolutionär andersartig in ihren emanzipatorischen Forderungen ist. Bei Fontane wird „…immer wieder auf die Gleichwürdigkeit und Ebenbürtigkeit der Frau hingewiesen, wenn auch der Glaube an eine spezifisch weibliche Individualität und einen spezifisch weiblichen Aufgabenbereich bestehen [bleibt].“[13] Statt „die Frau […] von den Pflichten der Weiblichkeit und Häuslichkeit“[14] zu befreien, vertritt er die Ansicht, sie solle trotzdem frei sein „ihr menschliches Potenzial zu entfalten“[15]. Mittels seiner Protagonistinnen plädiert er für seine Vorstellungen von Gerechtigkeit: Diese Damen stehen stellvertretend für alle Menschen, für die ungleiche Verteilung der Rechte und Pflichten, denn sie

---

[11] Gottfried Kricker: Theodor Fontane. Von seiner Art und epischen Technik. Berlin: G. Grote'sche Verlagsbuchhandlung, 1912. In: Bonner Forschungen. Schriften der literarhistorischen Gesellschaft Bonn. (Hrsg.:) Berthold Litzmann. Hildesheim: Verlag Dr. H. A. Gerstenberg, 1973. S.51.
[12] Ernst Heinkel: Epische Literatur im Film. Eine Untersuchung im besonderen Hinblick auf die doppelte Filmfassung von Theodor Fontanes >>Effi Briest<<. S.18.
[13] Hanni Mittelmann: Utopie des weiblichen Glücks in den Romanen Th. Fontanes. Bern/Frankfurt am Main/ Las Vegas: Peter Lang Verlag, 1980. S.114.
[14] Ebd.
[15] Ebd.

...haben [...] in ihrer Suche nach Glück immer das moralische Gesetz auf ihrer Seite, und damit wird ihr Untergang zur Anklage gegen eine Gesellschaft, in der das moralische Gesetz seine Macht verloren hat. [...] Die Utopie des weiblichen Glücks, die als Traum vom besseren Leben durch die Tragik von Fontanes Romanen heraufbeschworen wird, erweist sich damit letzten Endes auch als die Utopie des allgemeinmenschlichen Glücks; denn nur in einer Gesellschaft, in der alle Menschen als gleichgestellt behandelt werden, ist menschliches Glück überhaupt möglich.[16]

Diese Botschaft wird allerdings nicht zwangsläufig schon in den Dingen sichtbar, die mit dem bloßen Auge wahrnehmbar sind, sondern zeigt sich eher in der Handlungs- und Sprechweise. Interessanterweise scheint dem Autor die Äußerlichkeit seiner Figuren gar nicht von zentraler Bedeutung zu sein: „Physiognomie und Kleidung werden nur selten und skizzenhaft mitgeteilt und dienen nur ausnahmsweise als direktes Mittel der Charakteristik."[17] Hieraus ergeben sich später für den Film Schwierigkeiten, denn auch von Fontane Ausgespartes, weil weniger Wichtiges, muss gezeigt werden. Wie zentral die Frauenrolle wirklich ist, zeigt sich an folgendem Beispiel – die weiblichen Charaktere sind Abbilder der Werte und Normen, der Richtlinien, die das Leben aller bestimmen:

...[E]s sind [...] immer wieder und vor allem die Frauen, die Fontanes Anliegen im Roman übernehmen. In der weiblichen Existenz scheint Fontanes Begriff des Romantischen zu gipfeln, aber nicht als episches Aperçu, sondern als zentrales dichterisches Symbol dessen, was Wirklichkeit ist oder sein könnte. Die Chancen, die soziale Realität den Frauen im Roman zubilligt, geben regelmäßig darüber Auskunft, wie es um eben diese Realität bestellt ist. Es handelt sich, nun neu formuliert und metaphorisch eingekleidet, um die bekannte Frage nach dem Verhältnis von Poesie und Prosa; nach Wunschproduktionen.[18]

Das Wesentliche wird von den Frauen dargestellt, gezeigt, gesagt, gedacht. Sie werden Stellvertreterinnen für die Konventionen einer ganzen Epoche; ihre Realität spiegelt das, was Fontane sich für die Menschheit ausmalt, indem sie es nicht erreicht.

Kurzum, die Frau, die Repräsentantin einer neuen demokratischen Gesellschaft hätte werden können, scheitert an der Kopie längst veralteter Denk- und Verhaltensweisen, die sie zwar durch den Ehebruch angreift, doch letztlich nicht überwinden kann. [...] Indem Fontane die Probleme weiblicher Existenzformen in dieser Zeit darzustellen versucht, stößt er an die Grenzen seiner Zeit, macht aber immerhin bewusst, was bisher nur unausgesprochen empfunden wurde. Weibliches Glück bleibt Utopie. Emanzipation scheitert an der Unfähigkeit, Fremdes und Neues wirklich zuzulassen und auszuprobieren. Die Enge der bürgerlichen Welt bedeutet keinen wesentlichen Fortschritt im Vergleich mit der Undurchlässigkeit aristokratischen Standesdenkens.[19]

---

[16] Hanni Mittelmann: Utopie des weiblichen Glücks in den Romanen Th. Fontanes. S.115.
[17] Gottfried Kricker: Theodor Fontane. Von seiner Art und epischen Technik. S.117.
[18] Norbert Frei: Theodor Fontane. Die Frau als Paradigma des Humanen. Königstein/Ts: Verlag Anton Hain Meisenheim GmbH, 1980. S.79.
[19] Angela Idenberg: Effi auf Abwegen. Fremdheit und Befremdung in den Eheromanen Theodor Fontanes. Marburg: Tectum Verlag, 2002. S.23.

3.1 Fontanes Luise von Briest

Theodor Fontanes Luise von Briest ist eine Person, deren Leben beispiellos für den Verzicht steht. Als Preußin geboren und erzogen verhält sie sich politisch korrekt und lernt früh ihre eigenen Wünsche den gesellschaftlichen Vorstellungen nicht unterzuordnen, sondern sich den Erwartungen an sie zu fügen, ganz ohne sich dabei verbiegen zu lassen. Ihr Lebensweg nimmt durch die Hochzeit mit Effis Vater eine entscheidende Wendung: Statt für Liebe entscheidet sie sich aus freien Stücken für den Aufstieg und materiellen Reichtum, so stellt Fontane es dar. Ihre Tochter tut es ihr gleich, doch deren Scheitern bleibt Luise ein Rätsel: Bis zum letzten Gespräch mit ihrem Mann, indem sie ihre Zweifel kundtut, ist es ihr nicht vergönnt zu begreifen, welche Emotionen und Charaktereigenschaften zum Bestand der eigenen und zum Zerfall der Ehe ihrer Tochter geführt haben könnten:

> Die Einführung dieser Mutterfigur als Gegenpol zu dem freiheitlichen Prinzipien lebenden Vater bietet günstige Voraussetzungen für die Hinführung zu dem Problemkreis der Entsagung: Die Mutter verzichtet auf eine Ehe mit dem geliebten, aber gesellschaftlich unbedeutenden jungen Innstetten zugunsten einer Verbindung mit dem zwar gesellschaftlich arrivierten, doch charakterlich nicht voll akzeptierten und ungeliebten Ritterschaftsrat Briest.[20]

Effis Mutter ist eine lebenskluge, auf ihren Vorteil bedachte Frau, der man Berechnung und Kalkül vorwerfen mag, deren Fürsorge für ihre Tochter aber aufrichtiger Natur ist. Ehrlich ist ihre Sorge um die wirtschaftlichen Verhältnisse, in die sie ihre Tochter zu geben wünscht. „Frau von Briest läßt [sic!] sich ausschließlich von Fragen des Standesgemäßen lenken. [...] [S]o appelliert sie [...] an ihre ‚kluge Effi', den Wert des gesellschaftlichen Ranges einer solchen Verbindung nicht außer acht zu lassen."[21] Dabei sind die Konsequenzen ihrer Handlung nicht im mindesten von ihr erwartet worden: „Frau von Briests gesellschaftliche Ambitionen für ihre Tochter entspringende und Effi in die Ehe mit Innstetten drängende Bemerkung vor der Verlobung mit ihm hat sich auf erschütternde Weise bewahrheitet: Effi hat die ‚Mama weit überholen' können."[22] Ihr ganzes Benehmen, ihre Verhaltensrichtlinien und ihre Erwartung an Effi gründen in einer tiefen Überzeugung dem öffentlichen Leben und den anderen Menschen gegenüber verpflichtet zu sein. Daher ihr Ehrgeiz, als Kupplerin tätig zu werden, ihre Ambition im Hintergrund die Fäden zur Vorbereitung und Durchführung einer vortrefflichen Vorzeigeverbindung zu ziehen:

> ...'Entsagung', die bei Frau von Briest rein formaler Natur war, da ihre Entscheidung [...] das Ergebnis eines Abwägens gesellschaftlicher Folgen und Vergegenwärtigung der

---

[20] Elsbeth Hamann: Theodor Fontanes „Effi Briest" aus erzähltheoretischer Sicht unter besonderer Berücksichtigung der Interpendenzen zwischen Autor, Erzählwerk und Leser. Bonn: Bouvier Verlag Herbert Grundmann, 1984. S.72.

[21] Ebd. S.172f.

[22] Ebd. S.191.

Realitäten darstellte. Effi demgegenüber lebt weitgehend fern dieser Realitäten, und ihrem Charakterbild fehlen prägnante Züge einer Gesellschaftsdame. Frau von Briest arrangiert zielstrebig den durch die Verlobung dokumentierten Erfolg ihrer Tochter; sie verhandelt über ,ernstere Dinge' mit Innstetten, legt den Hochzeitstermin zusammen mit ihm fest und bespricht ,Ausstattungs- und Wirtschaftseinrichtungsfragen'. Die Dominanz der Frau von Briest bei bedeutenden und die Konventionen betreffenden Entscheidungen kommt auch in der Reaktion der Eltern auf das Bekanntwerden des angeblichen Ehebruchs ihrer Tochter zum Ausdruck. Die moralischen Maßstäbe sind gesellschaftlich motiviert.[23]

Es werden diesbezüglich auffallend viele Parallelen zwischen Instetten und Luise von Briest gezogen: Beide gestalten ihr Leben ,standesgemäß' und bemühen sich zeitlebens die Haltung zu wahren, sowie die Gesetze und Gebote der Etikette mit derselben Strenge ohne Ausnahme auch auf die eigene Person und diejenigen Menschen anzuwenden, die ihnen am nächsten stehen. „In ihrer Argumentation auf Briests Unmutsbezeugungen zu der so lange bestehenden Trennung zwischen Eltern und Tochter aus Anlaß [sic!] der Eheverfehlung wiederholen sich die Formulierungen Instettens, mit denen er seine Duellforderungen begründete...“[24] Im selben Maße „...wie Instetten bereit ist, seine von ihm als solche verstandene Liebe zu Effi gesellschaftlichen Prinzipien zu opfern, ist auch Frau von Briest [...] geneigt, diese erst hinter Konvention, Moral und Ansprüchen seitens der Gesellschaft rangieren zu lassen.“[25] Die Figur der Luise von Briest wird von Fontane als Rahmen benutzt, der Effis Geschichte einen Hintergrund, eine Richtung, eine Erklärung und auch einen Abschluss gibt. Statt Instetten ist es aber im Grunde genommen sie, die als einzige tatsächlich alle persönlichen Bedürfnisse – ob es ihr leicht fällt sei dahingestellt – ihren Prinzipien unterordnet; sie hat sich längst mit der Situation abgefunden und auch ihre hämischen Bemerkungen Briest gegenüber lassen keinen Rückschluss auf Untreue oder dergleichen zu. In ihrer Stellung, privat und gesellschaftlich, blüht Luise auf, ohne zu bemerken, wie neben ihre Unglückliche verdorren.

Bei ihrem ersten Auftreten erscheint Effi zusammen mit ihrer Mutter; ihr letztes Gespräch am Ende des Romans wird sie ebenfalls mit Frau von Briest führen. Von der Geschichte der Mutter die Effi ihren Freundinnen mit der Altklugheit des unerfahrenen Mädchens erzählt, wird ihr ganzes Leben bestimmt sein[.] [...] Während Frau von Briest für sich in Anspruch nimmt, Gewesenes >gewesen< sein zu lassen, kehrt er an den Ort zurück, >an den ihn so viele Erinnerungen knüpfen<, und heiratet statt Luise von Belling Effi von Briest – die nicht nur den Jahren nach seine Tochter sein könnte.[26]

[23] Elsbeth Hamann: Theodor Fontanes „Effi Briest" aus erzähltheoretischer Sicht unter besonderer Berücksichtigung der Interpendenzen zwischen Autor, Erzählwerk und Leser. S.217.
[24] Ebd. S.218.
[25] Ebd.
[26] Theodor Fontane: Effi Briest. Grosse Brandenburgische Ausgabe. Das erzählerische Werk. (Hrsg.:) Gotthard Erler. Aufbau- Verlag. S.364.

3.2 Fontanes Roswitha

Roswitha ist in Theodor Fontanes „Effi Briest" eine ambivalente Person. Ihr Lebensweg nimmt unerwartete Wendungen, die sie jedoch letztendlich alle meistert.

Die ursprüngliche Menschlichkeit verkörpernde Roswitha wird von Effi während einer zufälligen Begegnung als künftiges Kindermädchen Annis eingestellt. Effi findet in ihr eine hingebungsvolle Dienerin, von deren katholischem Glauben sie sich in besonderer Weise gegen Spuk gewappnet fühlen möchte.[27]

Im Roman kommt ihr mehrfach in verschiedener Weise Bedeutung zu, da sie sowohl der Hausdame Innstettens in Auftreten und Gebaren eine Gegenspielerin ist, als auch Effis Vergehen auf einer völlig anderen Ebene andeutet (und damit dem aufmerksamen Rezipienten aufzeigt, dass nicht das Ehebruchgeschehen an sich, sondern vielmehr die überhöhte Erwartungshaltung an die gehobene Gesellschaftsschicht Effis Schicksal besiegelt): „Roswitha dient nicht nur als Kontrastbild zu Johanna, sondern in ihrem Verhalten dem Kutscher Kruse gegenüber ist eine – wenn auch begrenzte und auf einer anderen Ebene liegende – Parallele zum Ehebruchsgeschehen um Crampas und Effi zu erkennen."[28] Tapfer, mit einer ihr eigenen, beispiellosen Hingabe über ihre Pflichten als Kindermädchen und später als Hausdame hinaus, folgt sie ihrer Herrin auch in deren Misere noch loyal nach: „Am Beispiel Roswithas lassen sich deutlich die Verbindungslinien zwischen den Lebenskreisen aufzeigen. [...] Roswitha [begleitet] den Lebensweg Effis bis zum bitteren Ende."[29] Aufopferung ohne Heuchelei, ohne besondere Anerkennung zu erwarten, kennzeichnet ihre geistige Haltung. Dennoch haben ihre Standhaftigkeit und ihre Andersartigkeit, die sich im Katholizismus manifestieren, keinen maßgeblichen Einfluss auf die seelische Verfassung ihrer Arbeitgeberin:

> Obwohl Roswitha die einzige Person ist, mit der Effi nach all dem Zurückliegenden über Kessin, Crampas und den Chinesen sprechen kann, weiß sie wohl, daß [sic!] sie sich bei der Dienerin ihr Verhältnis mit Crampas nicht von der Seele reden kann. Da aber der Leidensdruck von Effi als nach wie vor mächtig empfunden wird, bemüht sie noch einmal Roswithas Katholizismus, indem sie sich nach deren Beichtverhalten erkundigt. Dabei muß [sic!] Effi schmerzlich zur Kenntnis nehmen, daß [sic!] sie sich außerstande fühlt, Roswithas Schlußfolgerungen [sic!] auf das eigene Leben zu übertragen. Die Dienerin bekennt offen, de Beichte nicht in Anspruch zu nehmen, da sie in der festen Überzeugung lebe, im Falle ihres unehelichen Kindes vor Gott nicht gesündigt zu haben...[30]

Hieraus lässt sich ein Bild von Fontanes Roswitha zeichnen, das ihre vermeintliche Charakterstärke in Unbekümmertheit ummünzt und ihre Kraft und Unbeirrtheit wie Naivität und Mangel an Weitsicht erscheinen lässt. Eine Bedienstete kann gar nicht die

---

[27] Elsbeth Hamann: Theodor Fontanes „Effi Briest" aus erzähltheoretischer Sicht unter besonderer Berücksichtigung der Interpendenzen zwischen Autor, Erzählwerk und Leser. S.255.
[28] Ebd. S.256.
[29] Ebd. S.237.
[30] Ebd. S.353.

Folgen ihrer Handlungen und die Erwartungshaltung der Gesellschaft, wie sie an eine Baronin gerichtet ist, nachvollziehen können. Insgesamt werden die Spielräume, die sie im Gegensatz zu sozial besser gestellten Damen benutzen kann, jedoch nicht fruchtbar für gesamtgesellschaftliche Veränderungen da sie nie in der Lage wäre die Gesellschaft als Ganzheit zu erfassen, geschweige denn Interesse am Nachvollzug der Gewissenskonflikte, die sich aus der Etikette ergeben können, hätte:

> Bei seinen herausragenden Figurenbildern, wie [...] Roswitha [...], fehlt die bereits in den ersten Kapiteln des Romans angelegte Spannung zwischen gesellschaftlicher Bindung und individueller Unmittelbarkeit. Das Außergewöhnliche der von ihnen praktizierten Menschlichkeit offenbart die Inhumanität der sie umgebenden gesellschaftlichen Wirklichkeit. Die aus ihrer besonderen Position erwachsende Unabhängigkeit dieser Figuren von Sanktionsmechanismen gesellschaftlicher Instanzen schafft ihren erheblichen Freiräume für ihr Verhalten. Es ist demzufolge auch nicht auf ein harmonisches Sowohl-als-auch [sic!], also Gesellschaft und Menschlichkeit, angelegt. Durch die Gestaltung solcher Figuren zeigt der Erzähler zwar Möglichkeiten auf dem Wege zu humanen Lebensformen auf, als Nebenfiguren des Mittelgrundes bleiben sie jedoch wenig wirkungsvoll; denn es liegt außerhalb des Einflusses dieser Mittelgrundfiguren, Veränderungen zu initiieren.[31]

Durch die geistige Nähe nach außen hin viel wirksamer: durch die räumliche Nähe zu Roswitha zeigt Effi ihre Hilflosigkeit und Einsamkeit, der sie seit der Scheidung unterliegt:

> Das konventionell auf Standesschranken, Distanz und Gegensatz an Besitz und Wohlhabenheit basierende Dienstboten- und Herrschaftsverhältnis wird [...] durch Armut und sozialen Abstieg relativiert, denn Effi hat in ihrer Isolation nur Roswitha als Gesellschafterin. Indem sie verdeutlicht, dass sie Intimität nötig hat, steigt sie sozial in den Bereich der deklassierten Schicht ab.[32]

4. Fassbinderverfilmung

Zu Beginn eine in der Literatur auftauchende interessante Fragestellung: „Ist Fassbinders Film eigentlich verständlich, wenn man Fontanes Roman nicht kennt? Sicher nicht beim ersten Sehen. Aber das Rätselhafte im Film hat schon immer großen Reiz gehabt, und wer möchte von sich behaupten, Fontanes *Effi Briest* beim ersten Lesen ganz rezipiert zu haben?"[33] Doch relativiert der Nachsatz die Kritik? Wenn man die Fassbinderverfilmung nicht, wie es in der Forschung häufig der Fall ist, seinen Vorgängern gegenüberstellt, sondern seiner ‚Nachfolgerin', dann lässt sich grundsätzlich sagen, dass Fontane auf den ersten Blick sehr nah an der Romanvorlage bleibt. Sowohl Luise, als auch Roswitha kommen in ihrem gesamten Erscheinungsbild und ihrem Benehmen ihren literarischen Vorbildern sehr nach:

---

[31] Elsbeth Hamann: Theodor Fontanes „Effi Briest" aus erzähltheoretischer Sicht unter besonderer Berücksichtigung der Interpendenzen zwischen Autor, Erzählwerk und Leser. S.164f.
[32] Angela Idenberg: Effi auf Abwegen. Fremdheit und Befremdung in den Eheromanen Theodor Fontanes. Marburg: Tectum Verlag, 2002. S.210.
[33] Eva M. J. Schmid: War Effi Briest blond? Bildbeschreibungen und kritische Gedanken zu vier >>Effi Briest<<- Verfilmungen. S.129.

Was hat Fassbinder denn anderes getan, als den Fontaneschen Text herzunehmen und ihn zu bebildern? [...] Er arbeitet elliptisch, er wendet das filmische Handwerk an, schneidet und montiert. Dabei folgt er fast konsequent der Fontaneschen Chronologie. Und er läßt [sic!] die verbale und die optische Mitteilung so nebeneinander herlaufen, daß [sic!] der Rezipient die Mitteilung aus beidem addieren muß [sic!], um zu verstehen.[34]

Doch der Regisseur kann und will auch mehr als dies. Darüber hinaus verspricht schon der Untertitel des Werkes nicht bloße Inszenierung, sondern auch Aufarbeitung und Verarbeitung des Fontaneschen Stoffes zu sein:

[Er] illustriert den literarischen Text, führt aber gleichzeitig die Methode ad absurdum. Der Film heißt >Fontane: Effi Briest<, und dann folgt ein langer Untertitel, der die Fassbindersche Interpretation des Romangeschehens ausspricht. Damit bekennt sich der Regisseur zur eigenen Aussage. Er benutzt vorgefundenes Material und gibt ihm eine individuelle Note. Er gibt *seine* Lesart, zugleich auch Bezüglichkeiten auf die aktuelle Situation, die den Film für das Publikum interessant machen. Das bedeutet eine Einengung der Fontaneschen Weltsicht auf ein einziges Spektrum. Zumal, trotz der Verwendung des originalen Textes das Ironische, Fontanes Humor, auf der Strecke bleibt; auch die scheinbare Leichtigkeit des >Causeurs<. Fassbinder liest den Romantext selber. Stimme aus dem Off; und er >liest<, er erzählt nicht. Auch Gesprochenes wird gelesen. Die Filmfiguren stellen >lebende Bilder<. [...] In den Filmbildern ist fast alles eliminiert, was Fontane zur Charakterisierung seiner Figuren schildert...[35]

Diese vergleichsweise harsche Kritik verdankt Fassbinder dem Paradoxon, das er durch die filmische Atmosphäre schafft: Auf der einen Seite erzeugt er eine vermeintliche Nähe zum Geschehen durch Sprachstil und Aussehen der Darsteller, auf der anderen Seite lässt er Betonung des Textes und äußerliche Erscheinung der Personen eher zeitgemäß als Fontanes Botschaft erscheinen. Auch der Regisseur hat eine ganz bestimmte Vorstellung von der Weise, in der er Frauen darstellen will, doch deckt sich diese nicht zwangsläufig mit den Ansichten Fontanes: „Auch die Filme Rainer Werner Fassbinders sind, obwohl er der weiblichen Lebensrealität einen besonderen Stellenwert gab, in der feministischen Literatur umstritten. Seine Filme sind oft nach ihren Protagonistinnen benannt..."[36] Im Vergleich zu seinen Zeitgenossen nutzt er sein Metier, um die Figuren zu portraitieren, die sich keines besonders glücklichen und menschenfreundlichen Zeitgeistes erfreuen: „Die Neigung Fassbinders, seine sozialkritischen Beiträge zum neuen deutschen Film häufig den in ein soziales Abseits gedrängten Frauen zu widmen, ist [...] eine Besonderheit unter den Filmemachern seiner Generation."[37] Als Fallbeispiel eignet sich „Effi Briest" hervorragend, um diese Problematik aufzuzeigen: „Auf realistisch-kritische Weise werden [...] die Unterdrückung der Frau in der patriarchalisch geprägten Ehe sowie das

---

[34] Eva M. J. Schmid: War Effi Briest blond? Bildbeschreibungen und kritische Gedanken zu vier >>Effi Briest<<- Verfilmungen. S.125.
[35] Ebd. S.126.
[36] Christiane Riecke: Feministische Filmtheorie in der Bundesrepublik Deutschland. Frankfurt am Main: Peter Lang GmbH Europäischer Verlag der Wissenschaften, 1998. S.80.
[37] Ebd. S.81.

Emanzipationsbedürfnis der Frau [vorgestellt]; ferner das Zugrunde-Gehen eines Menschen an der ‚Gefühlskälte' seiner Umwelt."[38] Insgesamt kann also von einem seinerzeit außergewöhnlichen Werk gesprochen werden, das künstlerisch neue Maßstäbe setzte: „Gerade aufgrund der schwarz- weiß- Kontraste gelingt es dem Film manchmal trotz ständiger bedeutungshaltiger Passagen (Dialoge und Erzählerkommentare) kontemplative ästhetische Erfahrungen anzuregen."[39] Das Gute und Schöne formuliert Fassbinder neu, er definiert ein vielleicht nicht ganz natürliches, aber dafür umso erstaunlicheres Idealbild. Sein Bild von Fontane ist womöglich ein anderes als das der heutigen Leserschaft, aber es zeigt auch wie facettenreich Fontanes Lesarten sein können und erzeugt somit eine Spannung, die sich zwar nicht unbedingt im Handlungsstrang, wohl aber in Überlegungen zu Fassbinders Botschaft an sein Publikum manifestiert:

> Dieser Film bezieht sich zwar direkt auf die Romanvorlage, dennoch bringt er eine eigene Art von Inhaltsästhetik zum Ausdruck: durch die besondere Art, wie die Personen miteinander sprechen und in Pose, Gestik, Mimik sich zueinander verhalten, durch die eingefangenen Landschaftsbilder in Zusammenhand mit den ausgewählten Textstellen Fontanes, die einmal vom Kommentator gesprochen oder als Text-Bild im Film erscheinen, ein anderes Mal in Dialogform ‚erklingen'.[40]

4.1   Fassbinders Luise von Briest

Fassbinders Luise von Briest sieht man im Film dreizehn Male. Eine Besonderheit des Films und ein Manko bei Untersuchungen die Kleidung der Personen betreffend ist, dass der Film komplett in schwarz-weiß gedreht ist und somit gänzliche Vermutungen über Farbwahl und Bedeutung ausfallen müssen. Ebenso werden Beschreibungen der Schuhe unterlassen, da diese zumeist von Kleidung verdeckt sind. Die gesamte Spielzeit über fallen dem zeitgenössischen Betrachter Länge der Szenen, überdurchschnittlich langes Stillstehen der Kamera, äußerst lange, die Geduld nahezu überstrapazierende weiße Blenden und eingeblendete Schriftstücke, sowie Monotonie der Stimmlagen auf. Diese Beobachtungen mögen den Sehgewohnheiten und veränderter Rezeptionsästhetik der Rezipienten geschuldet sein, jedoch spricht die Forschung auch von Widersprüchlichkeiten:

> Wenn Louise von Briest von der Kunstreiterin spricht und Effi den Jungenskittel erwähnt und dann ihre Mutter zärtlich umarmt, wobei wir Louise sagen hören >nicht so wild, Effi< - so denunzieren sich Text und Bild ständig gegenseitig. Als wolle Fassbinder dezidiert keine Illustration geben, sondern zwei völlig divergierende Informationsstränge

---

[38] Gregor Pongratz: ‚Effi Briest' (DEU 1972-74) von Rainer Werner Fassbinder (ca.135. Minuten). In_ Spielfilm-Interpretation und ‚spielerische' Film-Gestaltung mit Musik. Filmpädagogik aus hermeneutisch-   phänomenologischer   Perspektive   (Hrsg.:)   Gregor   Pongratz. Hildesheim/Zürich/New York: Georg Olms Verlag, 2006. S.214.
[39] Ebd. S.217.
[40] Ebd.S.213.

anbieten: den Fontaneschen Text, der fast stets Zitatcharakter behält, und eine diesem Text gegenläufige optische Inszenierung.[41]

Fraglich ist, ob dann noch von einer ungewöhnlichen Treue zum Original gesprochen werden kann, oder ob nicht vielmehr salopp formuliert in die Fassbinderverfilmung mehr Fontanesche Lesart eingeflossen ist, als Fontane sie seinem Roman zu geben vermochte: „Hier wird also doch nicht >illustriert<, sondern mit >Außenhaut< gearbeitet. Was hinter den Fassaden vor sich geht, müssen wir uns vorstellen, aus Indizien im Text schließen."[42]

Zum ersten Mal sieht man Luise, als sie neben der schaukelnden Effi im Garten steht[43]. Dort trägt sie einen langen Körper umspielenden Rock, der erst vier, dann etwas tiefer noch mal drei schmale Querstreifen hat. Dazu ein schneeweißes Oberteil, das ihre Hüften durch seine Längen betont, dessen Ärmel lang und etwas ausgestellt sind und dessen kurzer gerader Kragen am Hals durch eine ovale Brosche verziert wird. Das Muster der Bluse ist wohl gehäkelt, aber von solcher Feinheit, dass es die gesamte Oberfläche filigran und zart erscheinen lässt. Einschnitte an den Nähten rechts und links schaffen an dem sonst eng anliegenden Kleidungsstück etwas Bewegungsfreiraum. Beim zweiten Mal ist sie anwesend, als Innstetten um Effis Hand anhält.[44] Sie trägt nun einen anderen langen Rock, der auf dem Rücken in Höhe der Hüften gerafft ist und von da faltenreich in eine Schleppe übergeht. Ihre Bluse ist erneut weiß und das Wenige, das man aus der Ferne von ihr sieht, gleicht derjenigen aus der ersten Szene enorm. Zum dritten Mal erscheint sie neben Effi am Bahnhof stehend und sich höflich zur Seite begebend, damit ihre Tochter sich von deren Neffen verabschieden kann[45]. Hierzu trägt sie ein schwarzes bodenlanges Gewand mit V-Ausschnitt über einem weißen, am Hals verschlossenen Oberteil, das von einer Brosche mit Edelstein in der Mitte verziert ist. Beide sind aufs Äußerste mit floralem Muster verziert und wirken sehr elegant. Der dunkle, mit Federn besetzte Damenhut und der netzartige Schleier mit vereinzelten, schwarzen Punkten über dem Gesicht lassen sie distanziert und vornehm erscheinen. Ihre dunklen Lederhandschuhe und der helle ebenso verzierte Damenschirm in ihrer Rechten, sowie die helle Handtasche, deren schmaler Tragegurt ihr über dem linken Arm hängt, evozieren den Eindruck eines bis ins Detail abgestimmten Erscheinungsbildes. Doch auch steif, unbeweglich und geradezu puppenhaft durch die fehlende Mimik erscheint Effis Mutter hier. Das vierte Mal sieht man sie

---

[41] Eva M. J. Schmid: War Effi Briest blond? Bildbeschreibungen und kritische Gedanken zu vier >>Effi Briest<<- Verfilmungen. S.126f.
[42] Eva M. J. Schmid: War Effi Briest blond? Bildbeschreibungen und kritische Gedanken zu vier >>Effi Briest<<- Verfilmungen. S.127.
[43] Rainer Werner Fassbinder: Fontanes Effi Briest. BRD: Arthau, 1972-74. 0:02:23-0:02:59.
[44] Ebd. 0:04:07-0:05:32.
[45] Ebd. 0:06:22-0:06:52.

stickend neben ihrer Tochter am Klavier[46]. Außer eines dunklen, relativ schlichten Baumwollrockes trägt sie ein weißes besticktes Oberteil, das dem ersten sehr ähnelt. An den Ärmeln verläuft der Stoff von den Schultern herab großzügig im Schnitt, ist dann aber durch eine Raffung unterhalb der Ellenbogen eng angelegt und schließt mit einem Spitzenbesatz am Handgelenk. Ihre rechte Hand wird von einem goldenen Ring geschmückt, vermutlich der Ehering, was sich aufgrund seiner Schlichtheit sagen lässt. Hinzu kommt eine sehr lange dünne Kette, die erst in Baucheshöhe schließt. Zum fünften Mal sieht man sie beim Spaziergang mit Effi[47]. Luise hat einen hellen Stoffschirm aufgespannt, trägt ein weißes, bodenlanges Kleid im Empirestil mit mehreren Schichten Tüll übereinander in Höhe der Knöchel und einer kleinen Schleppe, darüber ein schwarzes Cape bis zu den Knien herabfallend, ebenso aus feiner Baumwolle und mit einem hoch stehenden breiten Kragen versehen. Die Ohren hat sie mit einem breiten dunklen Tuch umschlungen, das auf dem Kopf zu einem eleganten Knoten gebunden ist. Das sechste Mal erscheint sie mit Herrn von Briest zu Abend essend und sich über Effis Hochzeitsreise unterhaltend[48]. Nun trägt sie wieder das weiße Oberteil, dazu einen grauen, die Bluse in Höhe der Taille einwickelnden, dunklen langen Rock. Eine breite Haarspange, die die hochgesteckte Frisur zusammenhält, entdeckt man erst, als ihr Hinterkopf im Spiegel eingeblendet wird. Das siebte Mal sieht man Luise während eines Zusammentreffens mit Effi[49]. Sie sitzt auf einer Chaiselongue, sodass man nur einen dunklen langen Leinenrock ausmachen kann und das langärmelige weiße feingliedrige Oberteil sieht. Dessen Ornamente werden besonders am Kragen deutlich und umspielen ihren Hals. Auch im Innenraum trägt sie ihren Netzschleier; die Haare werden von einer großen Spange zusammengehalten, an der jener befestigt ist. Kurz darauf sieht man sie erneut ein achtes Mal, nach wie vor in Gesellschaft Effis[50]. Dort hat sie über ein sehr feines, mehrschichtiges reichlich verziertes und besticktes bodenlanges Kleid mit Perlenknopfleiste eine Art lange Strickjacke geworfen. Jene hat ausgesprochen weite Ärmel, die ihr bis über die Handgelenke fallen und ist durch Stern- und Blumenapplikationen reich geschmückt. An ihrer linken Hand trägt sie einen Ring mit einem großen Edelstein. Das neunte Mal erscheint sie Briest gegenüber sitzend, als beide sich über die Ehe ihrer Tochter unterhalten[51]. Hier trägt sie einen langen, mit Rüschen gesäumten dunklen Rock, ein eng anliegendes schwarzes Oberteil mit Spitzenbesatz und langen Ärmeln. Darüber eine

---

[46] Ebd. 0:06:53-0:08:33.
[47] Rainer Werner Fassbinder: Fontanes Effi Briest. BRD: Arthau, 1972-74. 0:08:36-0:11:10.
[48] Ebd. 0:11:33-0:13:11.
[49] Ebd. 1:19:44-1:20:31.
[50] Ebd. 1:20:44-1:21:18.
[51] Ebd. 1:24:49-1:26:08.

16

wollende weiße Hausjacke mit Häkelmuster, die ihr bis über die Ellenbogen reicht und vorne locker offen gelassen ist, was die legere Atmosphäre und die Häuslichkeit der Szene unterstreicht. Beim Sticken sind ihre Ärmel leicht nach hinten geschoben und eine enge Halskette, sowie die bereits bekannte längere Kette fungieren als Schmuck. Am Hals trägt sie ein schwarzes, spitzenbesetztes, breites Band aus Stoff. An ihrer Rechten sitzt der goldene Ehering. Zum zehnten Mal taucht sie auf, als die Eltern Briest nach dem Bries Gieshüblers über Effis Verstoßung diskutieren[52]. Hierbei hat Luise ein gemustertes Tuch umgewickelt über ein schwarzes körpernah anliegendes Kleid, dessen Kragen am Hals von einer Brosche verziert wird und das im Empirestil gerafft ist. Nebst goldenem Armband und üblicher langer Kette schmückt sie sich durch einen Ring an der Rechten mit großem Stein. Das elfte Mal geht sie mit Effi spazieren, als diese wieder zu Hause wohnt[53]. Dabei trägt sie erneut das schwarze lange Kleid und hat ein bedrucktes weißes seidenes Tuch um. Zum zwölften Mal erscheinend sitzt sie an Effis Sterbebett[54] und ist gekleidet wie im Gespräch mit ihrem Mann am häuslichen Kaminfeuer in der neunten Sequenz. Zum dreizehnten und letzten Mal sitzt sie nach Effis Tod mit ihrem Mann auf der Terrasse[55]. Aus der Ferne erkennt man nur ein schwarzes langes Kleid. Alle Beschreibungen der Luise von Briest bestätigen die Meinung, die sich aufgrund ihrer Gestik, Mimik und ihres Sprachstils aufdrängt und die sich dank ihrer gepflegten äußeren Erscheinung nur unterstreichen lassen: Fassbinders Mutterfigur ist eine elegante, wenig temperamentvolle, ehrgeizige Person, die sich im Leben für das entschieden hat, was sie als das Richtige erachtete. Ihre Kleiderwahl ist ihrem Stand angemessen, die Zusammenstellung der einzelnen Kleidungsstücke wirkt sehr konservativ, traditionell und auch um nach damaligen Verhältnissen zu urteilen, keineswegs gewagt. Gesittet, vornehm, stets angemessen und nie besonders auffällig trägt sie die Kleiderordnung ihrer Zeit wie eine Uniform. Auch die gedeckten Farben und wenig opulenten Schmuckstücke sprechen eine deutliche Sprache: Diese Frau will nicht im Mittelpunkt stehen, sie will sich nicht hervorgehoben wissen, sie betont nichts, sie lebt immer denselben Stil, gibt sich konform und kontrolliert wie und wo sie kann.

4.2   Fassbinders Roswitha

Im Film tritt Fassbinders Roswitha elf Male auf. Erst als Effi und Innstetten schon in Kessin leben und die Niederkunft erwarten, taucht sie das erste Mal auf dem Friedhof an

---

[52] Rainer Werner Fassbinder: Fontanes Effi Briest. BRD: Arthau, 1972-74. 2:02:07-2:03:38.
[53] Ebd. 2:07:32-2:08:07.
[54] Ebd. 2:08:21-2:11:58.
[55] Ebd. 2:12:26-2:14:28.

einem Grab kniend und betend auf. Effi sieht sie und spricht sie daraufhin an[56]. Hierbei trägt Roswitha ein durchweg sehr dunkles Gewand mit nach außen gekrempelter Kapuze, die sie locker über ihre lockigen Haare gestreift hat. Die Jacke ist wenig luxuriös, äußerst Körper umspielend; die Ärmel sind lang und die Figur lässt sich nur vage erahnen. Etwas bestickt und an den Schultern etwas gerafft wirkt der Baumwollstoff doch sehr schlicht. Ihr Rock wird nur teilweise sichtbar; dessen schmale enge gestreifte Wolle fällt glockenförmig hinab. In ihren Händen hält sie den Griff einer glattledernen, ausgebeulten Handtasche mit Schnappverschluss. Das zweite Mal erscheint sie Annis Wiege schaukelnd im Gras neben Effi und Crampas, auf einem Schemel sitzend[57]. Hier trägt sie ein bis zum Hals zugeknöpfter, mit winzigen Punkten bedrucktes Kleid, dessen Ärmel an den Handgelenken zugeknöpft sind. Zum dritten Mal taucht Roswitha auf, als sie Effi durch die Küche folgt und draußen dem Kutscher Kruse begegnet, worauf Effi sie zurechtweist[58]. Dabei ist sie in einen dicken Mantel gehüllt, der einen breiten Kragen hat, dessen V-Ausschnitt den Blick auf einen baumwollenen Rollkragenpullover freigibt. Desweiteren hat sie einen kleinen Hut mit Krempe und einfachem schmalem Querstreifen gerade auf dem Kopf, zum Ausgehen bereit. Zum vierten Mal sieht man sie, als sie neben Frau Kruse in der Küche arbeitet[59], dann von Effi mit Herrn Kruse erwischt wird und ihr ihre Geschichte erzählt[60]. Dazu hat sie über einem dunklen, ungeschmückten Kleid, das von einem dunklen Stoffgürtel zusammengehalten und auf Höhe der Taille betont wird, ein dreieckiges Tuch gelegt. Jenes ist mit einem Muster bedruckt und hängt bis zur Taille auf ihrem Rücken herab; auf der Vorderseite ist es am Gürtel zusammengehalten, man erkennt Zottel, die seine Ränder säumen. Das Kleid ist am Hals eng zugeknöpft und seine Ärmel sind lang und eng anliegend. Verhältnismäßig kurz ist es, sein Saum findet sich bereits oberhalb der Knöchel. Ein weiteres, fünftes Mal sieht man sie im Hintergrund, Kleidung Effis für den Umzug nach Berlin einpackend, beide unterhalten sich[61]. Roswitha trägt erneut das gepunktete Kleid. Zum sechsten Mal erscheint sie Wäsche waschend, als Effi sie über den katholischen Brauch der Beichte ausfragt[62]. Sie trägt ein weit geschnittenes, bis zum Hals zugeknöpftes Baumwollhemd, dessen angenähter Kragen kariert, das aber sonst gepunktet ist. Von den Knien abwärts erkennt man den unifarbenen Rock. Die Puffärmel hat sie hochgeschoben und trägt eine große, sehr schlichte, gestreifte Haushaltsschürze darüber. Roswitha taucht das siebte Mal auf, als sie Annis Fall auf der Treppe beobachtet und die

---

[56] Ebd. 0:39:41-0:41:43.
[57] Rainer Werner Fassbinder: Fontanes Effi Briest. BRD: Arthau, 1972-74. 0:45:16-0:47:00.
[58] Ebd. 1:05:27-1:05:53.
[59] Ebd. 1:07:58-1:09:26.
[60] Ebd. 1:09:35-1:12:24.
[61] Ebd. 1:14:36-1:15:39.
[62] Ebd. 1:32:07-1:33:38.

Wunde versorgt[63]. Dabei hat sie noch Ausgehsachen an: Einen flachen schwarzen Hut mit schmalem Hutband, einen weit geschnittenen, einfach glatten Mantel mit hochgekrempelten Ärmeln, unter dem man ihre lange, simple Bluse und ihren ebenso unauffälligen Rock erkennt. Zum achten Mal sieht man sie im Gespräch mit Johanna, den Vogelkäfig putzend, nachdem das Duell stattgefunden hat[64]. Erneut trägt sie das gepunktete Kleid mit Dreieckstuch. Das neunte Mal taucht sie neben Effi in ihrer gemeinsamen Berliner Wohnung auf[65]. Ganz in den dunklen Stoff ihres Mantels eingehüllt und mit ihrem Hut auf dem Kopf. In der Linken einen dunklen Schirm, über den Mantel einen Schal drapiert, sieht sie aus, als wäre es ein kurzer Besuch. Das zehnte Mal ist sie zugegen als Effi Anni gesehen hat und in die Wohnung zurückeilt[66]. Über ihr gepunktetes Kleid hat sie eine helle Schürze mit breiten Trageriemen in Bauchhöhe umgetan; jene fällt in Falten bis zu den Knien hinab. Zugleich das elfte und letzte Mal ist sie zugegen, als der Brief Gieshüblers eintrifft, Anni werde kommen[67] (In eben jenem Kleid nur von der Rückseite aufgenommen). Gleich darauf noch einmal als Anni schließlich dort ist[68], diesmal mit einer Decke um die Schultern.

Alle Auftritte von Fassbinders Roswitha sind in derselben Weise konstruiert: Nie beginnt sie von sich aus ein Gespräch, selten wird sie zum Hauptakteur des Geschehens. Ständig wechseln sich dieselben alten, unspektakulären Hauskleider ab, die ihrer Figur wenig schmeicheln und sich auch nicht recht als nützlich erweisen wollen, wenn man an die zu langen Ärmel und die weit geschnittenen, ungleichmäßig fallenden Rockfalten denkt. Ihre Kleidung ist ohne Zweifel die einer Bediensteten, die Häufigkeit und die Lieblosigkeit mit der sie diese trägt zeugen von einer Erziehung, die sich solcher Äußerlichkeiten nie bewusst sein konnte und wollte. Fassbinder zeigt eine Roswitha, deren schlichtes Gemüt ihrem simplen äußeren Erscheinungsbild gemäß ist.

5. Huntgeburth Verfilmung

Hermine Huntgeburth nimmt eine gänzlich andere Stellung ein als Fassbinder. Ihre Literaturverfilmung von „Effi Briest" kann mit dem Aufgebot an Extras und Animationen anderer Filme ihrer Zeit mithalten. Leuchtende Farben, computeranimierte Effekte, Licht und Ton werden so gezielt eingesetzt, wie das Publikum es im 21. Jahrhundert erwartet – sie verstärken die Wirkung von Fontanes Moral, unterstreichen, so nötig, was dem

---

[63] Ebd. 1:34:08-1:34:53.
[64] Rainer Werner Fassbinder: Fontanes Effi Briest. BRD: Arthau, 1972-74. 1:47:58-1:48:30.
[65] Ebd. 1:49:50-1:52:01.
[66] Ebd. 1:53:31-1:54:18.
[67] Ebd. 1:54:26-1:55:06.
[68] Ebd.1:55:19-2:01:14.[Mit einer Unterbrechung, in der Effi einen Monolog über ihre Schuld abhält]

modernen Kinobesucher sonst womöglich abhanden gekommen wäre und sorgen dafür, dass nichts unausgesprochen und ungezeigt bleibt. Aber ist dies im Sinne Fontanes?

> Das breite Publikum hat der Wiederaufführung alter erfolgreicher Filme in den seltensten Fällen Interesse und Verständnis entgegengebracht, sie bleiben den Studios und Filmklubs vorbehalten; es zieht das perfekte, nach den neuesten technischen Gesichtspunkten gefertigte Remake, mit geringen Ausnahmen, Rückgriffen auf ältere Filme vor, die ihre Remakes oft formal und gehaltlich weit übertroffen haben.[69]

Gängige Praxis in der Filmbranche hat hier einen Selbstzweck: Perfektion will nicht unbedingt treu sein einem verstaubten Original gemäß. Stattdessen will sie unterhalten, eine Symbiose von alter und neuer Welt, Spannung durch unbekanntes Vergangnes erzeugen und die Zeitlosigkeit der Moral betonen, wie auch Fontane es schon tat, wenn er dem kritischen Romanleser seiner Zeit einen Wink mit dem Zaunpfahl gab, dieser möge die Kritik an der Gesellschaft Effis auf die eigene übertragen. Um der Zeit, in der der Roman spielt, in der audio-visuellen Fassung gerecht zu werden und sinnvoll die Informationen anzureichern, die der Autor von seiner Geschichte gibt, braucht es viel gestalterische Phantasie:

> Filmbildner oder Architekten können ihre Anleitungen zur Gestaltung entweder direkt aus den Angaben des literarischen Vorbilds über Schauplätze und Architektur beziehen, oder aber sie können aus den Angaben des Autors und den Äußerungen seiner Romangestalten über Atmosphäre von Architektur und Hintergrund indirekt unterwiesen werden.[70]

Auf unterschiedlichen Ebenen müssen die Dinge koordiniert werden, die sich letztendlich zum Gesamtbild fügen und deren Stimmigkeit den guten Film ausmacht. Alle Elemente des Films werden dazu verwendet und dem Zuschauer verlangt es nach einer Art Konzert der vielen Stimmen, obwohl jede für sich schon bedeutungsschwanger ist:

> Im gegenwärtigen, technisch hochentwickelten [sic!]9 Film häufen sich andere und neue Ausdrucksmittel um den ursprünglichen Aufgabenbereich des Regisseurs, Vorgänge rein optisch zu bedeuten, und ihre Handhabung stellt neue Forderungen an ihn. Musik, Farbe, Dialoge, Geräusche und die veränderlichen Dimensionen der Leinwand müssen von ihm ständig aufeinander abgestimmt werden. Meist entgleiten aber die zahlreichen Hilfsmittel seiner Kontrolle und durchlaufen jedes für sich ohne Beziehung zum anderen die filmische Handlung. Musik, Geräusche und Farben bedeuten das gleiche noch einmal, was schon durch die Erklärung des Sprechers, den Dialog und durch das dazugehörige Bild verständlich genug wurde.[71]

Folglich muss vom Film zwangsläufig mehr Übereinstimmung all dieser Sinn tragenden Zeichen ausgehen, die Summe seiner Ausdrucksmittel ist größer als die des Romans; aber ist dadurch schon gewährleistet, dass beide dasselbe Ziel verfolgen? Liegt nicht gerade die Steigerungsmöglichkeit des Romans in seiner Vielschichtigkeit, in seinen Andeutungen, in

---

[69] Ernst Heikel: Epische Literatur im Film. Eine Untersuchung im besonderen Hinblick auf die doppelte Filmfassung von Theodor Fontanes >>Effi Briest<<. S.38.
[70] Ebd. S. 149.
[71] Ebd. S.133.

der Weise, in der Fontane mit dem Verlangen des Lesers nach Klarheit und Eindeutigkeit spielt? Demzufolge wäre es eher ein Manko der Literaturverfilmung, sich grundsätzlich zwischen den Grenzen der Medien zu befinden. Für eine werkimmanente Deutung des Romans im Film ist Fontanes Wahrheit zu verschwommen, sein Stil zu subtil. So muss am Ende die Aufarbeitung von Fontanes „Effi Briest" immer in letzter Konsequenz scheitern:

> Die fortdauernde Übereinstimmung aller Ausdrucksmittel, die das gleiche bedeuten, ist in jedem Falle in Mangel, einmal aber ein Mangel aus Gewohnheit, ein anderes Mal aus Absicht. Das Publikum wünscht keine Verfremdung, sondern Perfektionierung. Dazu gehört gefühlvoll gedämpfte Farbe und Musik zur Darstellung idyllischer, farbliche und musikalische Crescendi zur Bedeutung erregender Vorgänge. So wird in allen Abstufungen Übereinstimmung erzielt. In ihr verdichtet sich zwar die >unanfechtbare< Wahrheit einer Liebe, eines erregenden Kampfes, eines Duells irgendeiner auf den Film hinkonzipierten Fabel, nie aber die Atmosphäre des Dichters, die anfechtbare Wahrheit aus dem Vorbild der Literatur.[72]

5.1 Huntgeburths Luise von Briest

Huntgeburths Luise von Briest tritt im Film acht Male auf. Zur besseren Übersicht sind die Abschnitte im Folgenden nach den unterschiedlichen Kostümen, mit denen die Figur auftritt, unterteilt. Die Garderobe der Schauspielerin lässt Rückschlüsse auf einen Stil zu, der, abgestimmt auf den Lebens- und Sprachstil, sowie die Verhaltensweise, auf eine bestimmte soziale und gesellschaftliche Stellung hindeutet und auch Charakterzüge von Effis Mutter unterstreicht. Sichtbar werden also nicht nur Farbe und Form der Kleidung, sondern auch Qualität und preisliches Niveau, standesgemäße äußerliche Erscheinungsform und individuelle Gestaltung, die der einzelnen Person eine besondere persönliche Note verleihen. Ihre stets hochgesteckten honigblonden Locken verleihen ihr beispielsweise etwas Vornehmes, Erhabenes, Erwachsenes und stehen im direkten Gegensatz zu Effis anfänglich wildem, offenem hellblonden Haar. Schuhe, zumeist Stiefel, wurden bewusst von der Beschreibung ausgespart, da sie nahezu nie vollständig zu sehen sind und dem Stil in nichts nachstehen, somit also von geringer Bedeutung für die Interpretation des Kleidungsstils sind.

Das erste Mal sieht man Luise auf dem häuslichen Ball in der Eingangssequenz beim Tanz mit Innstetten[73], während sie Effi und Innstetten einander vorstellt, zum Tanz vermittelt, selbst Briest von der Tanzfläche holt und zum Rand begleitet[74]. Dann erneut mit ihrem Mann im Gespräch über die vergangene Bindung zu Innstetten am Rand der Tanzfläche[75]. Aus größerer Entfernung durch die Tanzenden sieht man wie Innstetten zu ihnen kommt

---

[72] Ernst Heikel: Epische Literatur im Film. Eine Untersuchung im besonderen Hinblick auf die doppelte Filmfassung von Theodor Fontanes >>Effi Briest<<. S.134.
[73] Hermine Huntgeburth: Effi Briest. München: Constantin Film Verleih GmbH, 2009. 0:02:09-0:02:23.
[74] Ebd. 0:02:30-0:02:46.
[75] Ebd. 0:03:20-0:03:30.

und ihr Mann ihn begrüßt[76]; sie steht etwas abseits während ihr Mann und Innstetten plaudern[77]. Am kompletten Abend fällt Frau von Briest durch die schwarze, feingliedrige Perlenhalskette auf, die einen starken Kontrast zu den schmucklosen Dekolletees der anderen weiblichen Anwesenden darstellt. Ihr Kleid ist in etwas dunklerem Beige gehalten, als die cremefarbenen Roben der jüngeren Frauen, wie beispielsweise das ihrer Tochter. Hals und Rücken großzügig in Form eines Rundhalsausschnittes betonend und im Dekolletee elegant gerafft, zeigt der Schnitt Raffinessen, aber auch Zeitlosigkeit. Gürtelähnlich ist eine art Schal schwarzer Farbe um die Taille geschlungen und auf dem Rücken zu einer Schleife gebunden. Die Farbgebung des Ballkleides setzt sich in ihrer Haut fort, jene ist mindestens zwei Nuancen dunkler als die ihrer Geschlechtsgenossinnen. Auffällig sind auch die schwarz- gemusterten armlangen, fingerfreien Netzhandschuhe, mit denen das relativ schlichte Kleid erst in Szene gesetzt wird. Weiße, längliche Perlenohrringe bilden einen Kontrast zum restlichen Outfit. Außerdem trägt Frau von Briest noch zwei silberne, diamantenbesetzte Ringe an der rechten Hand. Das zweite Mal taucht sie bei der Verlobung Innstettens mit Effi auf, als ihre Stimme ihre Tochter ruft[78]. Dann als Luise Effi auf das Gespräch vorbereitet[79], während des Antrags von Innstetten an Effi bei dem sie sich vornehm im Hintergrund hält und betreten wegschaut als Innstetten ihre Liebe direkt erwähnt[80]. Im darauf Folgenden beim Abendessen nach der Verlobung am Tisch mit ihrer Tochter, ihrem Mann und ihrem zukünftigen Schwiegersohn[81]. Luise trägt an jenem Tag einen hellbraunen, gold-beige schimmernden, knöchellangen Rock aus glattem, glänzenden Stoff. Dazu ein weißes Oberteil, das mit Spitze besetzt und dessen Muster mutmaßlich gehäkelt ist. Es hat auch feine Anteile: So schließt am Hals das Muster mit grazilem, fast durchsichtigem seidenem Stoff ab; die Ärmel sind lang, der Kragen schließt sehr hoch ab, das gesamte Kleidungsstück liegt sehr end an und betont die Figur. Am Rücken zugeknöpft schließt es über der Taille ab und inszeniert dadurch eindrucksvoll die Rückseite des Rockes, die Falten wirft und an der eine Schleppe ihrem Aussehen Würde verleiht. Diese wird von ihr beim Treppensteigen gerafft. Als Schmuck trägt sie dunkelbraune, in Gold eingefasste, tropfenförmige, hängende Edelsteinohrringe. Abends trägt Luise ein mit schwarz- goldenem Rosenmuster bedrucktem, am Rücken unten spitz zulaufendem Bläser, an den am Kragen ein brauner Einsatz eingenäht ist, der nach oben absteht. Das dritte Mal sieht man sie, als sie am Morgen Effi sieht, wie jene ihren Vater

---

[76] Ebd. 0:04:35-0:04:37.
[77] Hermine Huntgeburth: Effi Briest. München: Constantin Film Verleih GmbH, 2009.. 0:04:49-0:04:58.
[78] Ebd. 0:05:53-0:06:00.
[79] Ebd. 0:06:06-0:07:01.
[80] Ebd. 0:07:14-0:08:46.
[81] Ebd. 0:08:48-0:09:59.

und ihren Verlobten beim Spaziergang beobachtet[82] und als sich die Familie von Innstetten verabschiedet[83]. Dabei hat sie erneut den langen Rock an, kombiniert mit einem kunstvoll drapierten ähnlichen weißen Oberteil, welches bestickt, durch eine goldene schmale Brosche am Hals verziert, ebenso bieder und ausgesprochen sauber wirkt. Sein glänzendes Weiß betont die Bräune der schlanken Arme, denn die Ärmel reichen nur bis knapp unter die Ellenbogen. Das vierte Mal taucht sie auf, bei der Anprobe von Effis Hochzeitskleid helfend und mit ihr über Innstetten sprechend, als ein Brief von ihm eintrifft[84]. Bei dieser Gelegenheit ist Luise in einen grauen langen Rock derselben Sorte gekleidet, wie zuvor; dazu trägt sie die weiße Bluse vom Morgen der Verlobung. Kristallene Ohrringe mit zwei geschliffenen Kugeln und einer schwarzen Einfassung lockern das sonst strenge Outfit auf. Drei goldene Ringe, zwei mit Edelsteinen an der rechten, einer an der linken Hand und ein dunkles steinernes Armband am linken Handgelenk fungieren ebenso als Schmuck. Das fünfte Mal erscheint sie nachdem viele Jahre vergangen sind und Effi ihre Eltern wieder besucht[85]; dann als Effi die Briefe Innstettens an ihre Mutter findet[86]. Luise ist abermals in einen langen Rock und das weiße Oberteil mit langen Ärmeln gehüllt. Es handelt sich allerdings nun um einen knöchelumspielenden dunkelgrünen Rock mit hellbraunen vertikalen Streifen auf der Vorderseite und braunem Saum mit anschließendem Volant. Auf der Rückseite fällt der Stoff dieses Rockes flach und glatt nach unten und ist ebenso lang und gerade wie vorn. Die braunen Ohrringe und ein goldener Ring an der linken Hand vervollständigen das Bild. Das sechste Mal sieht man sie, als sie mit ihrer Tochter Annis Ankunft erwartet[87]; dann abends als sie Effi auf der Terrasse vorfindet und jener das Telegramm von Johanna zeigt[88]. Ebendort trägt Luise einen rostroten, glatten, nach hinten schleppenartig geschnittenen Rock, vom Typus des Rockes aus der zweiten und dritten Sequenz mit ihr. Nun erneut das weiße Oberteil mit kürzeren Ärmeln und der goldenen Brosche; diese Mal jedoch von einer hellen beigen Stola aus Schurwolle locker umschlungen. An ihrer Rechten ein breiterer Goldring, sowie ein goldenes, den Arm umspielendes Armband und die Ohrringe mit den zwei Kristallen finden sich als Schmuck. Das siebte Mal raucht sie auf, als am Frühstückstisch bei der Familie Briest ein Telegramm von Innstetten eintrifft, welches das Duell ankündigt[89]; dann als das Telegramm eintrifft,

---

[82] Ebd. 0:10:32-0:11:07.
[83] Hermine Huntgeburth: Effi Briest. München: Constantin Film Verleih GmbH, 2009. 0:12:06-0:12:26.
[84] Ebd. 0:12:34-0:13:42.
[85] Ebd. 1:20:46-1:20:06.
[86] Ebd. 1:21:58-1:22:21.
[87] Ebd. 1:26:13-1:26:34.
[88] Ebd. 1:26:39-1:27:04.
[89] Ebd. 1:28:12-1:29:32.

welches den Ausgang des Duells verkündet[90]. Hierbei ist Luise angezogen wie beim Abendessen am Tag der Verlobung. Das achte und letzte Mal sieht man sie, als Effis Eltern sie in Berlin in einem Restaurant treffen[91]. Luise erscheint hier gänzlich neu eingekleidet: Beim ersten Auftritt innerhalb des Films in der öffentlichen Gesellschaft trägt sie einen grauen, mit dunkelbraunem Fell und kleiner Schleife besetzten Damenhut auf Filz, leicht schräg wie damals üblich. Beim genaueren Hinsehen lassen sich einzelne, kleine, schmale, dunkelgrün und dunkelblau schimmernde Federn ausmachen. Hellgraue Damenhandschuhe liegen neben ihrem Gedeck bei Tisch, die sie vor dem Essen wohl getragen haben wird. Ebendort findet sich auch eine dunkelgraue, kleine, trägerlose Handtasche. Ihre Kleidung besteht aus einem Kostüm – Jacke und Rock sind aus demselben schlichten, aufgerautem rotbraunen Stoff und gerade geschnitten; der äußerst kurze Kragen des Oberteils läuft symmetrisch zu und endet mit kleinem Aufsatz des Innenfutters aufgestellt am Hals. Bei Nahaufnahmen ist ein feines florales Muster auf dem Stoff des Kostüms zu erkennen. Vorn sind rechts und links neben der senkrecht verlaufenden Naht kurze Rüschen angenäht. Die braunen Ohrringe dienen als dezente Untermalung des Gesamtbildes.

Insgesamt kann man feststellen, dass Huntgeburths Interpretation von Fontanes Luise von Briest und ihr literarisches Vorbild sich trotz aller Vorbehalte bezüglich der Umsetzung der Romanidee sehr ähneln. Im Gegensatz zu Fassbinders Figur ist diese Frau von Briest eine lebhafte, lebensfrohe Person, die sich anmutig, elegant und schick kleidet. Ihre Mode sieht buchstäblich glänzend aus und vermittelt dadurch den Eindruck einer Dame von Welt. Ihr Benehmen ist vornehm, ihre Haltung gibt keinen Grund zur Beanstandung und trotzdem wirkt sie nicht so steif, zurückhaltend, unemotional und distanziert sogar ihrer eigenen Tochter gegenüber, wie Fassbinders Luise. Abschließend lässt sich sagen, dass Huntgeburths Frau von Briest eine ihrem Alter, aber auch eine der Epoche angemessene äußerliche Erscheinung versinnbildlicht.

5.2 Huntgeburths Roswitha

Huntgeburths Roswitha ist im Film neun Male zu sehen. Die unermüdliche Aufopferung, mit der sie ihren Aufgaben im Haushalt gerecht wird und die direkte, teilweise grobe Art der Kommunikation kennzeichnen sie als Angehörige des niederen Standes, verleihen ihr aber auch den Glanz der Offenheit, Unverstelltheit und Geradlinigkeit. Im Unterschied zu Fassbinders Roswitha wirkt dieses Kindermädchen

---

[90] Ebd. 1:31:48-1:34:06.
[91] Hermine Huntgeburth: Effi Briest. München: Constantin Film Verleih GmbH, 2009. 1:43:44-1:45:45.

weniger einfältig und eher lebenspraktisch; statt ihrer Ungeschicktheit fällt in erster Linie ihr diplomatisches Geschick in Bezug auf den gesellschaftlichen Umgang auf.

Das erste Mal sieht man sie, als Effi sie am Strand vor dem Ertrinken bewahrt[92], anschließend als sie von Innstetten auf Effis Anraten eingestellt wird[93]. Dabei trägt Roswitha ein dunkelblau- schwarzes Gewand aus schlichter Baumwolle. Ihr gesamtes Erscheinungsbild fällt schon aus der Ferne durch Düsterheit auf: Sowohl ihre schlichte Kappe, als auch ihr weit wallender langer Rock und ihr weit geschnittenes Oberteil, sowie die als Stola drapierte, wolle Decke sind in gedecktem Dunkelbraun, Dunkelgrau, Dunkelblau und Schwarz gehalten, wodurch die sehr alt und fahl aussieht. Die schwarzen Knöpfe auf ihrem Oberteil sind äußerst unschick und wirken unmodisch und plump. Später im Haus sieht man den dunkelbraunen geraden Kragen auf ihrem hellbraunen Blouson, die aufgeknöpften und ungeordnet herabhängenden Puffärmel an ihren schmalen Händen und erkennt erst jetzt das ausgewaschene Grün ihres Rockes, sowie ein verspieltes Blumenmuster auf der Decke. Zwar sind ihre Haare hochgesteckt, doch Schmuck oder Haarnadeln sicht man an ihr vergebens. Ihre Haut glänzt gesund und sonnengebräunt trotz ihres Alters und leichter Fältchen, sowohl im Gesicht als auch auf den Händen. Das zweite Mal erscheint sie, als sie bei der Geburt von Anni hilft[94]; dann im Hintergrund als Innstetten das erste Mal sein Kind auf dem Arm hält[95]. Roswitha trägt nun eine hellgraue Leinenbluse, die bis oben zum Hals und an den Armen zugeknöpft ist. Dazu dezente, kleine Ohrringe, deren Steine äußerst unauffällig sind und nicht weiter ins Auge fallen. Die Kleidung wirft deutliche Falten und mache einen zerknitterten Eindruck, wie nach körperlicher Arbeit und viel Bewegung üblich. Als sie Innstetten das Kind wieder abnimmt sieht man kurz den Ansatz einer hellen beigen Schürze über einem schwarzen Rock, beides aus Leinen, kann sonst aber den Rock nicht weiter sehen, da sie nur von der Taille aufwärts gezeigt wird. Das dritte Mal taucht sie auf, als Effi wegen Anni Gieshübler einbestellt hat und dieser Effi die Teilnahme an einem Theaterstück vorschlägt[96]; dann als Effi auf der Terrasse sitzt, Crampas mit Innstetten spricht und sie das Kind bringt[97]. Abermals fällt sie auf durch ihre Einfachheit, in Abgrenzung zu Effi und Gieshübler, die neben ihr stehen. Ihr Oberteil ist dunkelgrün und aus Baumwolle gefertigt, gerade und ohne Allüren geschnitten, mit runden, großen Knöpfen an der Vorderseite geschlossen. Der oberste Knopf ist weiß und leicht verziert. Dazu trägt sie einen dunkelgrauen geraden unmodischen Rock, der

---

[92] Hermine Huntgeburth: Effi Briest. München: Constantin Film Verleih GmbH, 2009. 0:39:35-0:40:42.
[93] Ebd. 0:40:51-0:41:11.
[94] Ebd. 0:41:17-0:41:33.
[95] Ebd. 0:42:03-0:42:37.
[96] Ebd. 0:42:54-0:43:23.
[97] Ebd. 0:45:35-0:45:44.

unregelmäßige große Falten wirft und durch seinen großzügigen Schnitt ins Auge springt. Winzige schwarze Ohrringe hat sie angelegt. Zum vierten Mal wird sie sichtbar, als Effi von der ersten Theaterprobe nach Hause kommt und sie neben Anni schlafend vorfindet[98]; dann als Effi des Nachts neben ihr und Anni im Zimmer liegt und Albträume hat[99]. Beide Szenen sind im Halbdunkeln abgedreht und so kann man zunächst nur vage ein dunkles, dann im Mondschein, der durchs Fenster in den Raum tritt, ein weißes Gewand erkennen, die beide nicht näher beschreibbar sind. Das fünfte Mal sieht man sie, als Innstetten und Effi frühstücken, mit der schreienden Anni auf dem Arm[100]. An jenem Morgen trägt Roswitha einen hellgrauen, lange Falten werfenden Rock mit vier mittelblauen Querstreifen in Höhe der Knöchel und dazu das grüne Oberteil, welches von hinten gezeigt wird, wo es durch dünne Stoffbänder im selben Farbton, zu einer Schleife gebunden, in Höhe der Taille zusammengehalten wird. Für Anni, die sie über die linke Schulter gebeugt hält, ein weißes, spitzenbesetztes Tuch, passend zu deren Kleinkindkleidung. Das sechste Mal taucht sie in Berlin neben Johanna beim Auspacken der Umzugskisten auf[101]. Hierbei steht sie dem Zuschauer mit dem Rücken zugewandt vor einem Kleiderschrank, sodass ihr grauer, eng anliegender Bläser mit spärlich abgehobenem, nach unten gefaltetem Kragenaufsatz und ihr schwarzer langer knittriger Rock nur kurz zum Vorschein kommen. Die kleinen Ohrringe trägt sie dazu erneut. Zum siebten Mal erscheint sie, nachdem sechs Jahre vergangen sind und Effi zu Besuch bei ihren Eltern eintrifft; sie läuft parallel dazu in Berlin Anni die Treppe hinunter hinterher zum ankommenden Innstetten[102]. Dann als Anni die Treppe zu ihr hinauflaufen will und fällt, worauf Roswitha auf der Suche nach Verbandszeug die Briefe von Crampas an Effi findet[103]. Jetzt erscheint sie vollkommen in ein pechschwarzes Kleid mit weißem, spitzenbesetzten Unterkleid, das oben herum eng anliegt, ab der Taille bis hinab auf den Boden jedoch sehr weit ausfällt und ganz ohne Musterung auskommt. Bis zum Hals geschlossen und mit einer wenig auffallenden Brosche zusammengehalten kommt es ganz ohne Verzierung aus. Das achte Mal tritt sie auf, als Effi Anni gesehen hat und zu ihr nach Hause in die Wohnung kommt[104]. Roswitha trägt erneut das grüne Oberteil und hat über den dunkelgrauen Rock eine schmuddelige graue lange Schürze beim Kochen gebunden. Die Ärmel ihrer Bluse hat sie zweckmäßigerweise hochgeschoben. Das Haar ist nun dunkler: die hellbraunen Locken sind zu einem Zopf geflochten. Das neunte und letzte Mal erscheint sie als die Anni beim

---

[98] Hermine Huntgeburth: Effi Briest. München: Constantin Film Verleih GmbH, 2009. 54:15-0:54:18.
[99] Ebd. 0:54:51-0:54:59.
[100] Ebd. 1:07:38-1:08:03.
[101] Ebd. 1:16:55-1:16:59.
[102] Ebd. 1:20:06-1:20:43.
[103] Ebd. 1:22:28-1:23:13.
[104] Ebd. 1:36:04-1:36:32.

ersten Besuch ihrer Mutter die Tür öffnet[105], sie Kakao für Anni bringt[106], Anni zur Tür bringt nach Effis Wutanfall[107]. Bei dieser Gelegenheit ist Effis treue Dienerin in eine graue Bluse mit 7/8-langen Ärmeln, sowie in ihren schwarzen Rock gehüllt, unter dem ein weißer Unterrock sichtbar wird. Das Oberteil schließt nicht, wie sonst, mit dem Beginn des Rocks ab und wird dadurch zusammengehalten, sondern liegt körpernah an und steht auf Höhe der Hüften leicht nach außen gewellt ab. Das evoziert einen lässigen Ausdruck, der auf viel Bewegung und häusliche Arbeit hindeutet. Unterstützt wird dies durch den unordentlichen kurzen Kragen und den robusten baumwollenen Stoff, der unifarben und ungemustert straff anliegt.

Zusammenfassend lässt sich sagen, dass die Roswitha, die Hermine Huntgeburth darstellt, mit Fontanes Roswitha nahezu übereinstimmt. Ihre schlichte Kleidung, die Abwesenheit jeglichen Schmucks bis auf die wenig markanten, kleinen Ohrringe und die immer hochgesteckten, einmal zusammengebundenen Haare sind Indiz für ihre niedere Stellung im Hause. Als Bedienstete fällt sie modisch, wie zu erwarten, nicht aus dem Rahmen; ihre Alltagskleidung ist unelegant und dient einzig und allein der Praktikabilität im täglichen Leben.

6. Fazit

Die Frauenfiguren, exemplarisch Effis Mutter Luise und die Angestellte Roswitha, werden in Fontanes Gesellschaftsroman „Effi Briest" vom Autor anders portraitiert, als es in den Verfilmungen Rainer- Werner Fassbinders und Hermine Huntgeburths der Fall ist. Diese Feststellung stützt sich nicht nur auf die Kleidung, sondern findet seitens der Forschung auch im Sprachstil, der häuslichen Einrichtung und Untersuchungen zum Fatalismusglauben und dem Verhältnis von Mensch und Natur, Gesellschaft und Individuum etc. Belege. Erstere Inszenierung hält sich vermeintlich genau an die Vorgaben des Romans, setzt beispielsweise bewusst das Medium der Schrift ein, um der literarischen Vorlage noch näher zu sein. Der Huntgeburthverfilmung liegt nichts ferner als sich dieses Bewusstmachens von Film als Text zu bedienen – sie setzt auf aktuelle Sehgewohnheiten in Geschwindigkeit, Kürze der Dialoge, Sprachstil, musikalischer Untermalung der Handlung und Geräuschkulisse. Dennoch finden sich auch verblüffende Parallelen zwischen beiden auf den ersten Blick so unterschiedlichen filmischen Inszenierungen: Mehrmals werden Landschaftsaufnahmen gezeigt; Effi ist vor ihrer Verlobung in weiß

---

[105] Ebd. 1:39:58-1:40:29.
[106] Hermine Huntgeburth: Effi Briest. München: Constantin Film Verleih GmbH, 2009. 1:41:10-1:41:16.
[107] Ebd. 1:42:46-1:43:43.

gekleidet (was von Fontanes berühmtem Matrosenkleid abweicht und trotz der schwarz-weiß- Fassung Fassbinders erkennbar bleibt). Erstaunliche Ähnlichkeit herrscht auch in der Kleiderwahl der Luise von Briest bei Fassbinder und Huntgeburth was das Outfit mit dem langen Rock und dem weißen, bestickten und kunstfertig verzierten Blouson betrifft. Grundsätzlich geht es den beiden Filmemachenden wohl kaum um eine direkte Gegenüberstellung der verschiedensten Frauengestalten, sondern eher um die Darstellung von Stellvertreterinnen einer gesellschaftlichen Ordnung, die Leidtragende werden, in einer Epoche, in der ihr Schicksal von keiner allzu großen Bedeutung ist:

> ...erscheint es als besonderes Verdienst Fontanes, sich gerade diesen besonderen historischen Bedingungen der Frauen am Ausgang des 19. Jahrhunderts gestellt und sie in seiner literarischen Produktion immer wieder thematisiert und verarbeitet zu haben. Und auch wenn Fontanes Werk und Poetik sich ausdrücklich nicht in einem politischen oder moralischen Sinne engagiert geben, kann in der eindeutigen Tendenz, Frauengestalten gerade auch des unteren Bürgertums ins Zentrum der Romane zu stellen, die Intention einer Aufwertung der Frau und ihrer gesellschaftlichen Rolle gesehen werden.[108]

Als Schlusswort gibt der Regisseur der älteren Fassung, Rainer Werner Fassbinder, noch zu bedenken, was eine Literaturverfilmung heute leisten muss und, dass längst andere Ansprüche an sie gestellt werden, als bloße Inszenierung des Originaltextes zu sein:

> Der Versuch, Film als Eratz eines Stückes Literatur zu machen, ergäbe den kleinsten gemeinsamen Nenner von Phantasie, wer also zwangsläufig im Ergebnis medioker und stumpf. Ein Film, der sich mit Literatur und mit Sprache auseinandersetzt, muss diese Auseinandersetzung ganz deutlich, klar und transparent machen, darf in keinem Moment seine Phantasie zur allgemeinen werden lassen, muss sich immer in jeder Phase als eine Möglichkeit der Beschäftigung mit bereits formulierter Kunst zu erkennen geben. Nur so, mit der eindeutigen Haltung des Fragens an Literatur und Sprache, des Überprüfens von Inhalten und Haltungen eines Dichters, mit seiner als persönlich erkennbaren Phantasie zu einem literarischen Werk legitimiert sich deren Verfilmung.[109]

---

[108] Agni Daffa: Frauenbilder in den Romanen „Stine" und „Mathilde Möhring". Untersuchungen zu Fontane. S.279.
[109] http://www.fassbinderfoundation.de/de/texte_detail.php?id=45&textid=114. Stand: 09.12.2012. 13:20 Uhr.

Literatur

Primärliteratur:

- Theodor Fontane: Effi Briest. Grosse Brandenburgische Ausgabe. Das erzählerische Werk. (Hrsg.:) Gotthard Erler. Aufbau- Verlag.
- Rainer Werner Fassbinder: Fontanes Effi Briest. BRD: Arthau, 1972-74.
- Hermine Huntgeburth: Effi Briest. München: Constantin Film Verleih GmbH, 2009.

Sekundärliteratur:

- Albersmeier, Franz- Josef: Einleitung: Von der Literatur zum Film. Zur Geschichte der Adaptionsproblematik. In: Literaturverfilmungen. (Hrsg.:) Franz- Josef Albersmeier/ Volker Roloff. Frankfurt am Main: Suhrkamp Verlag, 1989.
- Daffa, Agni: Frauenbilder in den Romanen „Stine" und „Mathilde Möhring". Untersuchungen zu Fontane. Frankfurt am Main: Oeter Lang GmbH Europäischer Verlag der Wissenschaften, 1998.
- Elsaesser, Thomas/ Malte Hagener: Wissenschaftlicher Beirat/ Michael Hagner, Zürich/ Dieter Thomä, St. Gallen/ Cornelia Vismann, Frankfurt am Main: Filmtheorie zur Einführung. 2. Auflg. Hamburg: Junius Verlag GmbH, 2008.
- Frei, Norbert: Theodor Fontane. Die Frau als Paradigma des Humanen. Königstein/Ts: Verlag Anton Hain Meisenheim GmbH, 1980.
- Heinkel, Ernst: Epische Literatur im Film. Eine Untersuchung im besonderen Hinblick auf die doppelte Filmfassung von Theodor Fontanes >>Effi Briest<<. München: J.G. Weiß'sche Buchdruckerei, 1958.
- Hamann, Elsbeth: Theodor Fontanes „Effi Briest" aus erzähltheoretischer Sicht unter besonderer Berücksichtigung der Interpendenzen zwischen Autor, Erzählwerk und Leser. Bonn: Bouvier Verlag Herbert Grundmann, 1984.
- Hickethier, Knut: Einführung in die Medienwissenschaften. 2. Aufl. Stuttgart: J.B. Metzler'sche Verlagsbuchhandlung und Carl Ernst Poeschel Verlag GmbH, 2010.
- Idenberg, Angela: Effi auf Abwegen. Fremdheit und Befremdung in den Eheromanen Theodor Fontanes. Marburg: Tectum Verlag, 2002.

- Kricker, Gottfried: Theodor Fontane. Von seiner Art und epischen Technik. Berlin: G. Grote'sche Verlagsbuchhandlung, 1912. In: Bonner Forschungen. Schriften der literarhistorischen Gesellschaft Bonn. (Hrsg.:) Berthold Litzmann. Hildesheim: Verlag Dr. H. A. Gerstenberg, 1973.

- Mittelmann, Hanni: Utopie des weiblichen Glücks in den Romanen Th. Fontanes. Bern/Frankfurt am Main/ Las Vegas: Peter Lang Verlag, 1980.

- Pongratz, Gregor: ,Effi Briest' (DEU 1972-74) von Rainer Werner Fassbinder (ca.135. Minuten). In_ Spielfilm-Interpretation und ,spielerische' Film-Gestaltung mit Musik. Filmpädagogik aus hermeneutisch- phänomenologischer Perspektive (Hrsg.:) Gregor Pongratz. Hildesheim/Zürich/New York: Georg Olms Verlag, 2006.

- Riecke, Christiane: Feministische Filmtheorie in der Bundesrepublik Deutschland. Frankfurt am Main: Peter Lang GmbH Europäischer Verlag der Wissenschaften, 1998.

- Schmid, Eva M. J.: War Effi Briest blond? Bildbeschreibungen und kritische Gedanken zu vier >>Effi Briest<<- Verfilmungen. In: Literaturverfilmungen. (Hrsg.:) Franz- Josef Albersmeier/ Volker Roloff. Frankfurt am Main: Suhrkamp Verlag, 1989.

Internetquellen:

- http://www.springerlink.com/content/r667j2/#section=883865&page=1 (Stand: 24.01.2012, 20:05 Uhr.)
- http://www.fassbinderfoundation.de/de/texte_detail.php?id=45&textid=114. (Stand: 09.12.2012. 13:20 Uhr.)

CPSIA information can be obtained
at www.ICGtesting.com
Printed in the USA
BVHW031357271119
564964BV00001B/139/P